L_n 20143.

NOTICE BIOGRAPHIQUE

SUR

LA VIE ET LES OUVRAGES

DE

JEAN-FRANÇOIS VAUVILLIERS.

(1801)

NOTICE BIOGRAPHIQUE

SUR

LA VIE ET LES OUVRAGES

DE

JEAN-FRANÇOIS VAUVILLIERS (*).

JEAN-FRANÇOIS VAUVILLIERS, d'une famille originaire de Noyers en Bourgogne, eut pour père Jean Vauvilliers (1), professeur d'éloquence à l'université de Paris, et de langue grecque au collége royal. Comptant dans sa famille d'autres savans illustres, et notamment Bénigne Grenan, que ses Odes latines ont rendu célèbre, il eut des occasions de développer de bonne heure son penchant et son aptitude pour les langues anciennes. Aussi, remporta-t-il dans tous ses cours les prix de l'université, et il soutint, de la manière la plus brillante, ses exercices de rhétorique et autres, qu'un bon usage avoit consacrés.

(*) Extrait du Magasin encyclopédique, pour lequel on s'abonne chez le C. *Fuchs*, libraire, rue des Mathurins, hôtel Cluny.

(1) On connoît de M. Vauvilliers, le père, quelques discours latins : un, entre autres, *de præstantia Græcarum litterarum*, est imprimé à la fin de l'*Essai sur Pindare*.

Un pareil début a toujours de l'influence sur l'ame des jeunes gens : et Vauvilliers, jaloux dès-lors de se faire un nom dans les lettres, employa sa jeunesse à l'étude approfondie du grec et du latin, et y réussit au point que, dans un âge encore voisin de l'enfance, il étoit en état de suppléer son père.

Il occupa pendant plusieurs années un emploi littéraire à la Bibliothéque royale; et, en 1766, il fut nommé lecteur et professeur de grec au collége royal de France. Il en a exercé les fonctions pendant vingt-quatre ans, avec une réputation méritée, qui lui attira des auditeurs savans eux-mêmes.

Son *Essai sur Pindare* (2) et son *Examen du gouvernement de Sparte* (3) lui assignèrent un rang distingué dans la littérature, et lui ouvrirent les portes de l'Académie des inscriptions et belles-lettres, en 1782.

L'Essai sur Pindare montra, pour la première fois, une traduction poétique de cet auteur ; et les notes grammaticales et les dissertations nombreuses qui l'accompagnent prouvèrent, ainsi que l'*Examen du gouvernement de Sparte*, combien cet helléniste avoit de sagacité dans la discussion, de profondeur dans son érudition, de tact et de finesse dans le jugement, de facilité et d'élégance dans l'expression de sa pensée. M. Heyne, dont l'érudition est si grande et le goût si sûr et si éclairé, a loué, dans

---

(2) Paris, 1772. In-12.

(3) *Examen historique et politique du gouvernement de Sparte, ou Lettres sur la Législation de Lycurgue*, en réponse aux *Doutes proposés par M. l'abbé de Mably*. 1769. Paris. In-12.

l'*Essai sur Pindare*, le travail, l'élégance du goût, et la sagacité critique. *Studium, judicii elegantiam, grammaticum acumen* (4).

On peut voir dans les Mémoires de l'Académie dont il étoit membre, les services qu'il a rendus à la littérature grecque (5), services dont il reçut la récompense par une pension de 1,500 fr., ayant été l'un des académiciens choisis pour travailler aux notices des manuscrits de la Bibliothéque. C'est de lui que sont dans les tomes 1.er et 3.e de ces notices, celles des manuscrits des tragédies d'Æschyle.

Un des principaux ouvrages de Vauvilliers, et celui qui a le mieux établi sa réputation d'helléniste, est l'édition de Sophocles, qu'il continua après la mort de M. J. Capperonnier. Cette édition (6), dont le texte, soigné par Capperonnier, n'est que la répétition de celui de Johnson, mérite d'être recherchée à cause des notes. Elles sont toutes de Vauvilliers, et offrent partout une grande connoissance de la langue et de la partie métrique. Quoiqu'un savant célèbre, dans un commentaire hérissé d'injures latines, ait prononcé que Vauvilliers étoit un ignorant, et lui ait prodigué les épithètes les

---

(4) Vid. HEYNE, V. *cl. ad Pindarum*, p. 109.

(5) Dans le tome 46 des *Mémoires de l'Académie des Inscriptions*, il y a quatre dissertations de Vauvilliers sur Pindare. La première traite de la quatrième Isthmienne; la seconde, de la huitième Néméenne; la troisième, de la quatrième Néméenne; la quatrième, de la septième Olympique.

(6) *Sophoclis Tragœdiæ septem*, etc. *Editionem curavit J. Capperonnier, etc. Eo defuncto, edidit, notas, præfationem et indicem adjecit J. F. Vauvilliers*, etc. 1781. 2. in-4.º

plus odieuses, les lecteurs sans partialité n'en ont pas rendu moins de justice à l'éditeur de Sophocles, et ils ont gémi de ce que les lettres appelées *humaniores*, humaines par excellence, n'eussent pas mis plus de douceur et d'aménité dans le cœur d'un homme, qui avoit passé dans leur commerce presque toute sa vie. Le jugement porté de l'ouvrage, dont je viens de parler, par le savant éditeur de la bibliothéque de Fabricius, défend assez Vauvilliers, et explique les motifs d'une animosité que son ardent adversaire poussa jusqu'au scandale (7).

Vauvilliers a donné quelques autres ouvrages, tels que des *Extraits de divers auteurs grecs, à l'usage de l'Ecole militaire* (8); une *Lettre sur Horace* (9); la continuation de l'*Abrégé de l'histoire universelle* (10); des *Vies pour le recueil des portraits des hommes et des femmes illustres de toutes les nations* (11); des notes dans l'édition du *Plutarque* d'Amyot par Cussac; et plusieurs oraisons funèbres, panégyriques,

---

(7) « *Vauvilliers*, dit M. Harles, *in adjunctis observationibus incredibilem diligentiam ac subtilem linguæ atque elegantiarum græcarum scientiam ostendit, et iis quæ Dawes, Brunck, in minoribus præcipuè editionibus Heath, Walcknaer, Toup, Musgrave adtulerunt, diligenter usus, haud pauca melius perspexit, multaque loca tentavit. Heathii, Brunkiique emendationes sæpe probat, haud tamen raro rejicit illorum suspiciones. Eâ autem liberalitate conflavit sibi odium Brunkii, qui in notis ad Aristophanem et ad majorem Sophoclis editionem cum valdè carpit, acerbiusque refutat.* » Tom. II, p. 224.

(8) 6. in-12. 1768.

(9) Adressée aux auteurs du Journal des Savans. 1767. In-12.

(10) 1787. 8.e Figures.

(11) Duflos. 1787. folio.

et discours, tant en français qu'en latin (12). On retrouve partout le savant du premier ordre et le bon écrivain : double mérite rarement réuni.

On a cherché inutilement dans les papiers de Vauvilliers un travail fort étendu sur Thucydides (13), dont il s'occupoit depuis un grand nombre d'années. Il avoit aussi promis une dissertation sur l'écriture homérique (14) ; mais la révolution vint interrompre le cours de ses travaux littéraires.

Vauvilliers, ardent ami de sa patrie, se livra tout entier à la satisfaction de la servir. Il fut longtemps président de la première commune de Paris, et lieutenant de maire, chargé de l'approvisionnement de la capitale. Les temps étoient difficiles ; les grains avoient été resserrés par la cupidité et par la crainte ; on étoit à chaque instant sur le point de manquer : la subsistance du lendemain étoit rarement assurée.

Alors un homme accoutumé à feuilleter des manuscrits grecs, osa, en tremblant, se charger du

---

(12) *De græcarum litterarum præstantia et utilitate oratio inauguralis* 1766, à la fin de l'*Essai sur Pindare*. — *Ludovico XV, regi Galliarum dilectissimo laudatio funebris jussu et nomine Collegii regii dicta a J. F. Vauvilliers*, etc. Paris, 1774. In-4.º Elle a été traduite en françois. Paris, 1774. In-4.º — Idylle sur la naissance de monseigneur le Dauphin ; par M. Vauvilliers, etc. Paris, 1781. in-4.º — Le 2 juin 1777, il prononça l'Oraison funèbre du duc de la Vrillière. Elle fut imprimée, mais non publiée, à cause de la mauvaise réputation du ministre. On en fut généralement content. On trouva qu'il excusoit plus qu'il ne louoit, circonstance qui, selon moi, honore beaucoup Vauvilliers.

(13) Vid. *Præf. ad Sophocl.* p. iij, et *Not. ad Elect.* v. 850, p. 56, t. I.

(14) Vid. *Not. ad OEdip. Colon.* v. 137, t. II, p. 2.

pénible fardeau d'alimenter Paris. Il se servit pour les achats d'habiles intermédiaires, qui trouvèrent des subsistances ; et bientôt certain de la provision de Paris pour plusieurs jours, il employa prudemment ce superflu à garnir les marchés des provinces voisines ; et par cette heureuse adresse, il ranima la confiance éteinte, rétablit une abondance imprévue, et fit baisser sensiblement le prix des grains.

Ce ne fut pas sans périls, qu'il réussit dans ses projets. Un peuple manquant de pain accuse ceux qui sont chargés de lui en fournir. Aussi, dans les premiers temps de la disette, la vie de Vauvilliers fut plusieurs fois exposée, sur les ports, dans les places publiques, et même dans les sections. Partout où il y avoit quelque émeute, il s'y présentoit avec calme, avec intrépidité ; et s'il pouvoit faire entendre sa voix éloquente, il étoit sûr de persuader.

Dans l'un des districts du faubourg Saint-Antoine, on faisoit les motions les plus incendiaires. Il falloit piller, il falloit pendre les boulangers. Vauvilliers y court, pénètre dans cette assemblée tumultueuse ; aussitôt on l'accable de vociférations, de menaces ; on le saisit. Ses gardes effrayés, n'osent pas le défendre, n'osent pas l'entourer. Vauvilliers se recueille, laisse calmer cette première effervescence, élève la voix, se fait écouter ; reproche aux motionnaires leur imprudence ; leur dit que l'agitation inquiète du peuple est la principale cause de la disette ; que leurs cris sont un signal qui fait enfouir les blés ; qu'au surplus, la provision de trente-six heures est assurée ; qu'il a des avis d'arrivages pour les jours suivans ; qu'il veille pour eux, et qu'ils ne manqueront pas. Son accent étoit pathétique, il étoit paternel; et les mêmes gens qui, l'instant d'auparavant, vouloient l'attacher au fatal réverbère, lui composèrent une garde nouvelle, et presque tous le reconduisirent chez lui, au milieu de la nuit, en lui prodiguant les remercîmens, les excuses et les noms les plus flatteurs (15).

Des services si importans furent mal récompensés. On compta pour rien ses talens administratifs, sa probité sévère, son rare désintéressement, et son dévouement absolu; on ne vit que son opinion politique et religieuse, qui ne varioit pas avec les circonstances ; et ses ennemis l'attaquèrent, pour se donner un vernis de popularité. Après avoir, pendant quelque temps, fait tête à l'orage, il eut la sagesse de céder; il donna sa démission, et rendit ses comptes ; *mauvais* exemple, que depuis on s'est peu soucié d'imiter.

Peu de temps après, il auroit pu siéger à l'assemblée constituante ; sa qualité de premier sup-

_____

(15) J'ai retrouvé les titres de deux petites brochures que Vauvilliers publia vers cette époque :

Lettre pour l'exécution d'un arrêté de la commune, par lequel elle offroit de prêter 300,000 liv. aux boulangers peu fortunés ; par Vauvilliers, lieutenant de maire. 5 novembre 1789. In-4.º.

Motion faite dans l'assemblée des représentans de la commune, le 14 décembre 1789, sur l'étendue du gouvernement de Paris, 8.º ; par Vauvilliers, lieutenant de maire.

En 1791, il fit plusieurs mémoires sur l'approvisionnement de Paris, en bois et charbon, et sur la navigation de la Seine et des rivières y affluentes. In-4.º

pléant de la députation de Paris l'y appeloit. Il refusa; préférant la retraite et l'espoir d'un doux repos à une place qui devoit cependant lui assurer une aisance que l'état de sa fortune ne lui permettoit pas de dédaigner, et lui donner de fréquentes occasions de faire briller le talent oratoire qu'il possédoit à un degré si éminent, surtout dans les discours improvisés.

Mais il ne trouva point cette tranquillité qu'il s'étoit promise. Voyant avec douleur les atteintes portées à la religion, il crut devoir publier son opinion sur la constitution civile du clergé (16). On ne lui pardonna pas d'avoir imprimé sa pensée.

Il fut successivement chassé du Collége de France, persécuté aux jours affreux de septembre, contraint à se cacher; découvert et arrêté dans sa retraite; détenu longtemps; et cependant mis en liberté, avant le 9 thermidor, par le représentant en mission dans le département de Seine et Oise; puis appelé à Paris, par le ministre Benezech, pour administrer les subsistances, sous ses ordres; mais arrêté de nouveau, pour avoir été désigné aussi par les partisans de Monsieur (17), comme bon administrateur des subsistances, dans le moment où il étoit employé comme tel par un ministre du directoire (ce qui ne prouvoit rien autre chose que l'accord de tous les partis sur ses connoissances adminstratives); traduit, pour ce grand

---

(16) *Le Témoignage de la raison et de la foi contre la constitution civile du clergé.* 1791. 2. 8.°

(17) C'est à ce titre qu'il fut impliqué dans l'affaire de Brottier et Laville-Heurnois.

crime, au conseil de guerre, au jury de Versailles, au jury de Paris, innocenté partout, et enfin relâché; nommé immédiatement membre du conseil des Cinq-cents, et, en cette qualité, proscrit de nouveau au 18 fructidor, et obligé de fuir sa patrie.

Paul I.er, qu'il avoit eu l'honneur de complimenter à Paris, lui écrivit en Suisse une lettre flatteuse, et le nomma membre de l'Académie des sciences de Pétersbourg. Mais la température d'un climat si différent du nôtre, et l'isolement où il se trouvoit loin de sa famille et de son pays, influant sur une santé usée par de longs travaux et d'amères persécutions, ont rendu inutiles et vains les préparatifs qu'il avoit faits pour son retour en France.

Par sa mort, arrivée à Pétersbourg, le 23 juillet dernier, à l'âge de 64 ans, les lettres ont perdu un savant et un écrivain recommandable; la patrie, un homme capable de lui rendre de nouveaux services; ses parens et ses amis, l'homme le plus aimable et le plus affectionné. Ses mœurs étoient simples et douces, sa piété éclairée et tolérante, sa conversation agréable et instructive. Quand on avoit le plaisir de l'entendre, on perdoit l'envie de se faire écouter.

Dans le temps qu'il géroit les subsistances, des libellistes, indignes de croire à la vertu, ne concevant pas qu'on eût tant d'occasions de faire fortune, et qu'on les rejetât, ont osé attaquer sa probité, et lui ont reproché sa richesse. Tout son avoir, saisi par le domaine lors de sa proscription de fructidor, a été estimé de 16 à 1,700 fr., sa bibliothèque comprise; et la vente de ses effets, à Pétersbourg, a produit une somme à peu près égale, à peine suffisante pour payer ses dettes. Voilà, je crois, la meilleure réponse à ces écrivains calomniateurs.

La famille de Vauvilliers espère retrouver deux manuscrits de lui; l'un est un ouvrage de longue haleine, sur les sociétés politiques; l'autre, dont on aura une opinion avantageuse, en lisant ses Dissertations dans les mémoires de l'Académie et son Essai sur Pindare, est la traduction entière de cet auteur.

DURET, *neveu* de Vauvilliers.

www.ingramcontent.com/pod-product-compliance
Lightning Source LLC
Chambersburg PA
CBHW071432060426

42450CB00009BA/2147